Ilona Rabeneck

Momentaufnahmen

Von Liebe und anderen Gefühlen

Ilona Rabeneck

MOMENTAUFNAHMEN

Von Liebe und anderen Gefühlen

Stuttgart 2005

Edition Noëma

Bibliografische Information Der Deutschen Bibliothek

Die Deutsche Bibliothek verzeichnet diese Publikation in der Deutschen Nationalbibliografie; detaillierte bibliografische Daten sind im Internet über <http://dnb.ddb.de> abrufbar.

∞

Gedruckt auf alterungsbeständigem, säurefreien Papier
Printed on acid-free paper

ISBN: 3-89821-460-5

Printed in Germany

Fotos von:

Jörn & Friederike Rabeneck

Vorwort

Die Liebe zum geschriebenen Wort hat mich schon immer begleitet.

Balladen, Gedichte, Prosa waren von Kindheit an meine Lieblingslektüre.

Nach dem Tod meiner Mutter vor vielen Jahren habe ich meine Trauer in einem Gedicht verarbeitet und dabei gemerkt, dass es mir gelingt, in bildhafter Sprache Gefühle auszudrücken.

Dieses Schreiben über Liebe, Träume und alle möglichen Gefühle hat mich seitdem nie mehr losgelassen.

Erst sehr viel später habe ich meinem Mann und meinen Kindern meine Gedichte gezeigt und meine kleine Familie hat mich ermuntert auf diesem Weg zu bleiben.

Diesen Gedichtband möchte ich darum meiner kleinen Familie, die ich über alles liebe, widmen,
sowie meinen Geschwistern, mit denen ich eine liebevolle Kindheit verbracht habe.

Warum ich Dich liebe?
Frage den Wind,
warum er durch die Rosen geht.
Frage den Regen,
warum er sanft die Gräser küsst.
Frage die Wellen im Meer,
warum sie zärtlich mit den
Kieseln spielen.
Frage die Wolken am Himmel,
warum sie so schnell
weiterziehen.
Aber mich, mich frage nicht,
warum ich Dich liebe.

Harfenklänge,
Engelsgesänge,
möchte die ganze Welt umarmen.
Mein Kopf, mein Bauch, meine Seele,
alles jauchzt.
Du bist wieder da,
bist zurück,
Du mein Leben, mein Glück,
meine große Liebe.

Hab Dich so vermisst.
Wusste vorher nicht
wie es ist ohne Dich.
Ohne Dein Lachen, Deiner Zuversicht,
Deiner Freude am Leben,
von all dem
hast Du auch mir immer gegeben.

Du hast die Gabe,
meine Träume zu wecken,
meine Sehnsüchte
nicht mehr zu verstecken.
Du nimmst mir die Ängste
vor dem Morgen.
Mit Deiner Stärke
vertreibst Du all meine Sorgen.

Bringst meinen Frohsinn
wieder zum Erblühen.
Das Feuer des Lebens
bringst Du bei mir wieder zum Glühen.
Mein Herz ist so voll,
könnte singen, könnte schreien,
könnte weinen,
vor lauter Glück.

Der Himmel ist für mich wieder klar,
denn Du bist wieder da,
bist zurück,
Du mein Leben, mein Glück,
meine große Liebe.

Sommer,
Duft von Gräsern und Feldblumen,
heiß flimmernde Sonne und tiefblauer Himmel.
Leise Wehmut
erfüllt mich jedes Jahr wieder.

Sommer,
das ist Kindheit,
nach der ich mich immer im Sommer sehne.
Sommer,
das ist im Gras zu liegen,
nur umgeben von hohen, schlanken Gräsern
und Margarithen,
über einem ein Stück quadratischen blauen Himmels.

Friede ist da und Stille,
nur ab und zu das Summen einer Biene
oder
von weither das Geräusch eines vorüberrollenden Autos.
Sommer,
auf einer Wiese haben wir gesessen,
in den Händen einen halbgeflochtenen Kranz
aus Löwenzahn und Gänseblümchen,
an den Händen den klebrigen Saft des Löwenzahnstengels.

Sommer,
das war im Wald zu spielen,
im Gras unter schattigen Bäumen.
Im Herzen halb Lust und halb Angst.
Sommer,
ist gleich mit Kindheit,
auch nach Jahren oder Jahrzehnten.
Ich fühle dann wieder
den Geschmack des Sauerampfers auf meiner Zunge,
den klebrigen Saft des Löwenzahns an meinen Händen.

Fühle wieder den Frieden im Herzen,
aber auch leise Wehmut,
dass die Sommer der Kindheit
so nie wiederkehren.

Eine kleine Insel
in der Unendlichkeit meines Denkens.
Eine kleine Insel,
Zuflucht meiner Sehnsüchte, meiner Träume.
Der Hektik, dem Stress, dem Geldzählen,
all dem will ich entfliehen.

Kapitän meiner Träume, meiner Gedanken,
bring mich dorthin,
auf meine kleine Insel,
wirf Anker,
lass mich laufen, lass mich frei sein,
lass mich Ich sein.

Zwänge will ich dort abwerfen,
mich nicht mehr beugen.
Nicht mehr ernst sein,
nur noch lachen und froh sein
auf meiner kleinen Insel
in der Unendlichkeit meines Denkens.

Kleine Insel,
Atoll meiner Lust, meiner Liebe.
Wasser, smaragdfarben, klar und rein,
durchschaubar wie ein Spiegel,
wo ich mich wiedererkenn.
Wie ich immer sein wollte,
nicht verbogen vom Leben,
von Kompromissen und Zwängen.

Riffe, die nicht wehtun
von verborgenen Spitzen der Korallen.
Niemand will etwas von mir,
ich lasse mich einfach fallen.
Fühle mich schwerelos, träume, bin glücklich,
mehr will ich nicht
auf meiner kleinen Insel
in der Unendlichkeit meines Denkens.

Ruhe ist hier,
Wohlgefühl durchströmt mich,
kein Laut durchdringt die Stille,
niemand stört mich.
Erholung pur von dem Lärm des Lebens.
Gedanken freigemacht
von der Last des Strebens
nach immer mehr.

Meine kleine Insel
in der Unendlichkeit meines Denkens,
die ich jetzt verlass.
Ich kann wieder bestehen im Alltag,
habe wieder Kraft
zu mir selbst zu stehen, dafür auch zu kämpfen.
Das macht mir das Leben leicht,
bis der Ruf meiner kleinen Insel
mich wieder erreicht.

Kapitän meiner Träume, meiner Gedanken,
bist Du bereit?
Bring mich wieder dorthin,
auf meine kleine Insel,
wlrf Anker,
lass mich laufen ...

Der Weg.

Ich habe einmal sehr geliebt,
ich habe zuletzt sehr gelitten an dieser Liebe,
ich habe gekämpft um diese Liebe
und ich habe sehr viel geweint um diese Liebe.

Doch die Tränen haben meine Augen
sauber gewaschen, sie gereinigt,
so dass ich jetzt alles viel klarer sehe.
Ich sehe den Weg vor mir, den ich gehen werde,
und ich glaube nicht, dass es der Weg ist,
den ich mit Dir zusammen gehe.

Zu tief sind die Verletzungen an meiner Seele,
zu sehr schmerzen die Narben die sie hinterlassen

Ginge ich den Weg weiter --- gemeinsam mit Dir ---
würden am Wegesrand die Blumen blühen,
die Du nicht für mich pflücken würdest.

Hinter jeder Biegung des Weges hätte ich Angst,
Du könntest mich dort wieder allein zurücklassen.
Meine Sohlen würden immer dünner
und meine Füße schmerzen,
und ich hätte Angst, Du würdest es nicht merken,
weil Du zu sehr mit
Deinen eigenen Füssen beschäftigt wärest.

Die Schmetterlinge, die uns umflattern,
würden mich nur schmerzhaft
an die schönen Tage unserer Liebe erinnern,
die sooo nicht wiederkehren.

Die Vögel, die in den Bäumen am Wegesrand
Ihr Nest bauen,
würden mir erneut die Tränen in die Augen treiben,
weil Du unser gemeinsames Nest ---
einst mit soviel Liebe und Träumen gebaut ---

einfach so verlassen hast.

Die Zweifel, die Du in mir gesät hast,
versamen sich weiter
und nehmen immer mehr Platz ein in meinem Bauch.

Ich werde meinen eigenen Weg alleine weiter gehen.
Vielleicht blicke ich mich irgendwann einmal um
und sehe Dich ganz hinten ---
klein und alleine stehen,
und vielleicht ist dann wieder soviel Liebe in mir,
dass ich denke,

der Weg war doch eigentlich sehr schön,
die Bäume am Wegesrand sind
immer noch grün und kräftig.
Die Schmetterlinge stimmen mich
jetzt nicht mehr traurig
und meine Füße, die sich an einigen dicken Steinen
des ansonsten so ruhigen Weges verletzt hatten,
sind inzwischen geheilt.

Und vielleicht denke ich dann,
es wäre eigentlich schön,
wenn am Ende des Weges eine Bank stände,
auf der wir gemeinsam sitzen könnten
im Sonnenschein,
ohne Gram im Herzen,
nur dem Leben lauschen
und mit Frieden im Herzen
den Sonnenuntergang erwarten.

Der Frühling ist da,
ich merke es in meinem Innersten,
es ist anders heute
als die vorherigen Tage.
Mir ist ganz heiß.
Die Sonne streichelt warm und zärtlich mein Gesicht
und legt einen wärmenden Hauch
auf meine Haare.

Ich entblöße meine Arme
um auch dort das wohlige, zärtliche
Streicheln zu spüren.
Wie habe ich ihr entgegen gefiebert,
der ersten Wärme
nach kalten Tagen.

Es ist, als würde die Sonne mich küssen
und jede Faser in mir
ist wohltuend befriedigt.
Ich bin auf einmal entspannt,
fast seelenlos,
ohne festen Gedanken.

Bin nur glücklich
über diese unendlich liebkosende leichte Wärme
auf mir, in mir,
fühle mich berauscht
wie nach einer Liebesnacht.

Dies ist der Tag
der mich vom Winter befreit,
und hundert Sonnentage weiter,
kein zweiter
wird mich so anrühren
und mein Innerstes bewegen
wie dieser erste Sonnentag
nach kalten Tagen.

Im Dunkel der Nacht liege ich wach,
lass Revue passieren,
was alles gewesen.
Nichts ist mehr, wie es einst war.
Nichts ist mehr sicher,
nichts ist mehr klar.

Dein Schnarchen neben mir,
es stört mich nicht.
Habe mich daran gewöhnt,
so wie an den Regen,
der die Fensterscheiben trifft.

Ich komme nicht mehr an Dich heran,
weiß bald nicht mehr,
was ich machen soll und kann,
um Deine Aufmerksamkeit
wieder zu erringen.

Du lebst in Deiner Welt.
Bist gefangen in Dir selbst.
Willst den Weg nicht gehen,
die Pforte nicht sehen,
die den Durchgang offen hält,
zu mir,
zu einer gemeinsamen Welt.

Probleme hast Du,
gestehst es Dir nicht ein.
Willst nicht darüber reden,
ich steh daneben und merke,
Du schließt mich aus.
Fühle mich wie ein verlassenes
Haus,
in dem niemand mehr wohnt.

Dabei würde ich so gerne
alles mit Dir teilen,
die Freude, das Zusammensein,
auch Deine Leiden.
Meine Signale kommen
nicht bei Dir an.
Willst sie nicht wahrnehmen,
nicht hören,
Ich bin allein,
allein neben Dir.
Weiß noch nicht, wie ich es schaffe
damit umzugehen,
mit meinem neuen Leben
allein neben Dir.

Auf meine Seele hat sich ein
Schatten gelegt,
der meine Welt verdunkelt.
Warum das gekommen,
ich weiß es nicht.
Weiß nur, dass mein Stern
nicht mehr funkelt,
den ich des Abends am Himmel gegrüßt,
der mir zugelächelt,
der mir die Nacht hat versüßt.

Der See der Trauer in mir
füllt sich mehr und mehr
und ich habe Angst
darin zu ertrinken, zu versinken.
Und nichts von mir bleibt zurück.
Kein Frohsinn, kein Lachen,
kein kleines Glück.

Reich mir Deine Hand,
hilf mir
ans rettende Ufer zu gelangen.
Tröste mich, liebe mich,
rede mit mir,
halte mich fest in Deinem Arm.

Kann den Kampf gegen die
Dunkelheit in mir
nicht alleine bestreiten.
Hilf mir dabei,
den Kampf zu gewinnen,
zurückzukehren in die
lichtdurchfluteten Weiten
eines glücklichen Lebens.

Sei bereit,
fang mich auf, wenn ich falle
in die Abgründe meines Ichs.
Hilf mir
sie zu überwinden,
bring mich ans Licht.
Habe Angst,
dass die dunklen Gedanken
mich sonst für immer an das
Schattenreich binden.

Lass es mich spüren,
lass es mich fühlen,
dass Du an meiner Seite stehst,
dass Du nicht gehst.
Hilf mir,
meinen Stern wiederzufinden,
er soll wieder funkeln,
mich des Abends begrüßen
und wieder mir die Nacht versüßen.

Regen rauscht, dunkle Wolken,
kalter Wind durch Blätter geht.
In meinem Kopf ein Sehnsuchtsbild.
Blühende Lavendelfelder,
hoch am Zenit die Sonne steht.
Düfte der Provence
schmeicheln meiner Nase.
Hab Verlangen nach der Heiterkeit
mediterraner Lebensweise.

Schließe meine Augen,
träume von Olivenhainen
durch deren silbrig grauen Blätter
sanft der Wind des Südens weht.
Spür den Hauch der Leichtigkeit,
der dort den Horizont
umspannt.

Denk an Abende am Strand,
die silberne Sichel des Mondes
am Firmament hoch stand.
Das Sternenmeer
so hell, so klar und weit
legte sich demütig über die Welt
wie ein schönes Kleid.

Lausche in Gedanken
den nie enden wollenden
Gesängen der Zikaden,
die wie Kaskaden
eines Wasserfalles
erfüllen Luft und Tag.

Rosmarin und Thymian,
der Duft der Orangenblüten
legen ihr Parfüm um mich,
berauschen meine Sinne.
In mir wird eine große Ruhe,
wunderbar und meditativ.

Entfalte meine Sehnsuchtsflügel,
breite meine Arme aus.
Vergess den Regen, den kalten Wind,
die dunklen Wolken,
begeb mich auf die Reise
und fliege, schwebe,
bis ich mein inneres Haus
im fernen Süden erreiche.

Bin heut Nacht aufgewacht.
War so erfüllt,
so voller Glück
von einem wunderbaren Traum.

Habe geträumt
ich liege im Gras
auf einer Streuobstwiese
unter einem blühenden Apfelbaum.
Von Süden her ein leichter Wind
brachte Düfte
von wilden Veilchen mit.

Der Wind dann durch die Bäume ging
und ließ auf mich
niederregnen
Hunderte von weißrosa
Apfelbaumblüten.
Lag wie unter einer
Decke
von aquarellfarbenen
Garnen,
bis die warmen Winde
von Süden kamen
und die Blüten wie
Schneeflocken mit sich nahmen.

Bin heut Nacht aufgewacht.
War so erfüllt,
so voller Glück
von einem wunderbaren Traum.

Du schaust mir ins Gesicht,
doch Du siehst mich nicht.
Dein Blick weilt in Fernen,
im Dunst längst vergangener Tage
und meine Frage
verstehst Du nicht.

Tut mir unendlich weh
Dich so zu sehen.
Weiß nicht mehr,
was ich Dir erzählen soll,
alles prallt an Dir ab,
ich seh es an Deinen Blicken.
Werde jetzt gehen,
doch ich kann mich so schwer
von Dir trennen,
obwohl der Gedanke
einfach wegzurennen
mich überfällt.

Doch da umspielt ein Lächeln
Dein Antlitz,
glücklich siehst Du aus,
als hättest Du das Haus
Deiner Kindheit, Deiner Jugend
wiedergefunden.
Schaust mich an wie einen
Störenfried,
wie jemanden
Der Dir Deine Zeit, Deinen
Seelenfrieden stiehlt.

Hast Deine Heimat in Dir,
Deine Bilder von gestern,
sie reichen Dir.
Bin für Dich zum Fremden
geworden,
der nur eindringen will in Dich.

Willst doch nur Deine Ruhe
und was morgen ist
interessiert Dich nicht.

Sitzt da zufrieden,
wirkst entspannt
auf eine geheimnisvolle
Art glücklich.
An Deiner Krankheit
da leide nur ich.
Muss akzeptieren, muss loslassen
können,
ich werde es lernen.
Und ein Lächeln umspielt
Dein Antlitz,
siehst so glücklich aus.

Werde Dich nicht mehr stören,
gehe jetzt.
Lass Dich zurück
in Deinem inneren Haus.
Dort, wo Du zufrieden bist,
den Erinnerungen lauschst.
Besuche Dich bald wieder,
auch wenn Du mich nicht erkennst.
Weiß ja, ich bin
in Deinem Herzen,
bin doch Dein Kind.

Wie soll ich mit Dir lachen,
wenn ich bei Dir nicht weinen darf.
Gefühle verstecken,
Wunden heimlich lecken.
Nie über Probleme reden,
sie lieber zu einem Päckchen
verschnüren
und in eine dunkle Ecke
der Seele ablegen.
So machst Du es,
doch das kann und das will
ich nicht.

Du kannst es nicht ertragen,
wenn ich mit meinen Fragen
Dein Innerstes berühr.
Ziehst Dich dann sofort in
Dein Schneckenhaus zurück,
verriegelst die Tür,
so dass ich Dich nicht mehr
erreich.

Wie soll ich mit Dir leben,
wenn Du mir nicht öffnest
Dein Herz.
Spüre Deine Trauer,
fühle doch Deinen Schmerz.
Doch die Mauer,
die Du um Dich gezogen,
hält mich von Dir so fern.

Lass mich das Feuer der Liebe,
des Lebens
bei Dir entfachen.
Möchte mit Dir lachen,
doch auch weinen
dürfen bei Dir.
Nimm mich einfach so an
wie ich bin.

Mach keinen Zwilling
von Dir aus mir,
denn das wird nicht
funktionieren.

Goldene Träume
gesponnen aus Elfenhaar
von der Nacht.
Geben Kraft,
geben Liebe
und sind doch nur Schäume,
die wieder zerfließen
am hellichten Tag.

Manchmal gelingt es,
sie festzuhalten,
sie zu horten
wie kleine Kostbarkeiten.
Um sich ab und zu
von ihnen
beflügeln zu lassen.
Dann zu schweben,
zu leben
mit einer Leichtigkeit,
die uns erfüllt,
uns glücklich macht,
und sei es nur
für einen Tag.

Goldene Träume
gesponnen aus Elfenhaar
von der Nacht.
Geben Kraft,
geben Liebe
und sind doch nur Schäume,
die wieder zerfließen
am hellichten Tag??

Die Erde riecht dumpf,
nach Moder und Tod,
sie hat ihre Pflicht getan.
Sie hat gefruchtet, geboren,
hat ernten lassen,
hat gesorgt für tägliches Brot.
Nun liegt die Scholle reglos
im fahlen Licht,
dunkel, einsam, verlassen.
Sie hört den Ruf der Kraniche nicht,
die jetzt gen Süden eilen.
Im Frühjahr, so schreien sie,
sind wir wieder da,
wollen den Winter in der Sonne verweilen.

Die Herbstastern mit dem Duft
von Vergänglichkeit
erstrahlen noch einmal voller
Heiterkeit
im milden Licht der herbstlichen
Sonne.
Ihre Blüten, später in Kränzen
gebunden,
schmücken dann manches Grab.

Die Bäume verlieren ihre Blätter,
wirken so traurig, so nackt.
Klar und rein fließt das Wasser
im Bach,
keine Entengrütze, welches es trübt.
Es plätschert lustig und singt
vergnügt,
nun seid doch nicht so
mutlos,
Ihr wisst, es ist nur ein halbes Jahr,
dann ist alles genau so
wie es vorher war.

Euch Bäume schmücken wieder
grüne Blätter,
wisst dann nichts mehr
von Herbstesleid.
Ihr Astern bekommt frische Triebe
und seid stolz auf Euer
Frühlingskleid.
Und Scholle,
Du wirst dann wieder gebraucht,
jetzt ist es an der Zeit,
ruhe Dich einmal aus,
damit Du im Frühjahr bei
Kräften bist.

Und ihr Kraniche, pah,
seid ein leichtes Volk,
kehrt aber immer wieder zurück
in heimatliche Gefilde.
Schreit und singt uns dann
vor
von Wärme, von Sonne und Milde.
Und ich, der Bach,
komme auch zur Ruh,
wenn der erste starke Frost
mich sanft deckt zu
mit einer gläsernen Platte.

So ist eben der Herbst
und auch der Winter.
Jedes Mal wie ein kleiner Tod,
der uns schlafen lässt,
uns Ruhe gibt,
bis das Frühjahr uns wieder
weckt.

Du entfernst Dich von mir,
bitte geh nicht fort.
Ich falle sonst in ein tiefes Loch,
ich liebe Dich doch
so sehr, so sehr.
Abwesend bist Du,
ich erreich Dich nicht mehr.
Mit Deinen Gedanken bist Du weit fort,
fort von mir,
von meiner Liebe zu Dir.

Warum ist das nur geschehen.
Hilf mir,
Dich zu verstehen.
Ich ändere mich auch,
Du musst dann nicht gehen.

Groll ist in Dir,
Leere, Trauer und Wut.
Ich hätte keinen Mut,
so hast Du gesagt.
Keinen Mut, über Probleme zu reden.
Keinen Mut zum Lachen,
keinen Mut
mal etwas Verrücktes zu machen.

Du würdest Dich fühlen wie ein Bach,
der nicht mehr fließt.
Würdest Dich fühlen wie eine Topfblume,
die man nicht mehr gießt.
Fühlst Dich wie ein zur Seite gelegtes Buch,
in dem keiner mehr liest.
Wie ein schönes Bild,
nach dem niemand mehr sieht.
Wie ein Spieler würdest Du Dich fühlen,
den verlassen das Glück,
wie ein abgelegtes Kleidungsstück.
Fühlst Dich von mir
nicht mehr geliebt.

Ich begriff es erst nicht,
empfand unser Leben immer als gut,
auch wenn manche Zeiten
erforderten Mut.
Dachte, wir hätten alles im Griff.
Dachte
wir wären zusammen ein Schiff,
das gemeinsam Sturm und Wellen trotzt.

Zwanzig Jahre,
die warst Du neben mir.
Zwanzig Jahre,
warum geht das jetzt nicht mehr.
Vielleicht bin ich dumm,
werde alt,
werde oberflächlich,
werde stumm.

Lehr mich wieder das Reden,
das Hinhören, das Zuhören,
das Verstehen.
Ich habe Fehler gemacht,
jetzt weiß ich es.
Habe gedacht,
Dich zu lieben, nur da sein genügt,
doch Liebe braucht Zuwendung,
Zärtlichkeit,
jeden Tag neu,
sonst die Liebe stirbt

Bleib bei mir, ich bitte Dich.
Lass uns neu anfangen.
Will Dir zeigen, Dir täglich beweisen,
Dass ein Leben ohne Dich
für mich nicht vorstellbar ist.
Werde wieder lernen,
Deine Gefühle zu sehen,
will wieder lachen, will wieder reden,
will wieder träumen mit Dir.

Gib mir eine Chance, ich flehe Dich an,
denn ich will Dich glücklich machen,
Dich immer lieben.
Will weiter mit Dir durchs Leben gehen.

Wir tanzten,
die Barcarole erklang,
süß, traurig
und melancholisch.
Wir wiegten uns zärtlich
im Liebestakt,
hatten ringsum uns
alles vergessen.

Wir waren trunken,
nicht vom Wein,
nein,
nur von unseren Küssen,
unseren Gefühlen.

Wir tanzten Tango,
wild, verzweifelt,
verliebt,
als ahnten wir,
es wär unser letzter.

Nur die Erinnerung blieb,
eingebrannt,
eingemeißelt,
unvergessen.
der Tango,
es war unser letzter.

Träume,
ich hab sie besessen,
nicht ausgelebt, fast vergessen
In der Hektik der Zeit.

Träume,
ein Ziel gehabt,
den Weg nicht gegangen.
Aus Bequemlichkeit oder aus Bangen.

Träume,
verfolgen mich immer noch.
Da ist der Ruf, die Mahnung,
nun leb uns doch.

Träume,
bleibt bei mir,
verlasst mich nicht,
Hoffnungsträger am Horizont,
das seid ihr für mich.

Träume,
begleitet mich weiter auf meinem Weg,
bis ich es wage euch zu leben,
wie es dann ausgeht,
das werde ich sehen.

Dann kann ich sagen,
ich hab es probiert, hab es riskiert,
habe den Mut gehabt,
meine Träume ins Leben zu holen.
Fühle mich jetzt frei,
wie neugeboren.

Weiß nun, ich bin stark,
habe Mut, habe Kraft alles zu wollen,
neu anzufangen.

Kann nur verlieren oder gewinnen.
Der Weg ist das Ziel,
so will ich's beginnen.

Du sahst aus wie die persische Kaiserin
Soraya
und unser Vater, glaube ich,
war ein wenig in Dich verliebt,
so wie es vielen Vätern geht
aus deren kleinen Mädchen
junge Frauen geworden sind.

Du sahst so schön aus,
meine große Schwester,
hab Dich nicht beneidet,
nur bewundert.
Habe Deine jungen Freunde
mit ihrer Elvis Presley - Tolle
beurteilt, aussortiert,
fast keiner fand Gnade
vor meinen Augen,
wollte glauben
für Dich käme irgendwann ein Prinz.

So sah es wohl auch unser Vater,
eifersüchtig hat er Dir
das Leben schwer gemacht,
hat Dich bewacht,
wollte Dich behüten, beschützen,
hatte Angst um Dich,
doch es sollte nichts nützen.

Dir war das alles nur lästig,
Du wurdest ärgerlich,
wolltest Dein Leben
endlich in Deine eigenen
Hände nehmen.
Mit Deinen sechzehn Jahren
wolltest Du erfahren,
was Liebe ist.

Meine schöne große Schwester,
Du hattest dieselben
verträumten Augen
wie Soraya,
die signalisieren,
dass sie vom Leben noch viel erwarten.
Deine Blicke waren
so vertrauensvoll,
so zuversichtlich
in die Zukunft gerichtet.
Nicht ahnend,
wie Soraya,
dass das Leben auch manchmal
vernichtet.

Hast immer Deine Zuversicht,
Deinen Mut Dir erhalten.
Hast trotz mancher Sorgen
immer gedacht und gehofft,
dass der kommende Morgen
Dir wieder Glück und Liebe
bringt.

Deine Augen schauen
heute noch genau
wie in jungen Jahren
vertrauensvoll, zuversichtlich,
in die Welt.
Und es fällt mir immer noch leicht,
Dich zu lieben,
Dich zu bewundern,
meine schöne große Schwester
mit den verträumten Augen
wie Soraya.

Graue Schleier webt der Himmel,
bunte Kleider trägt der Wald,
erden riecht die Luft.
Kraniche, die schreien,
Regen wie auf Watte fällt.
Lebensbäume dunkel in Reihen,
wunderbare Herbsteswelt.

Heiterkeit und Melancholie
streiten sich in meiner Brust,
ist es Trauer, ist es Lust?
Weinen, Lachen, Stille, Ruhe,
oh wie ich das alles mag,
wunderbarer Herbstestag.

Innehalten, Danken, Wandern
durch die Dome der Natur,
Blätter bunt,
sie rieseln, fallen
ohne Laut und Lärm.
Nur von weither, weit und fern
flüstert leis der Wind.

Wehmut legt sich über's Land,
letzte Mücken tanzen.
Herbstastern blühen, glühen,
verströmen ihren Geruch,
erinnern ans Vergehen,
ich beginne zu verstehen.
Oh, wie ich das alles mag,
wunderbarer Herbstestag.

Das war nicht ich,
damals.
Das war nur eine Rolle,
die ich spielte,
die man mir abverlangte.
Eine Rolle,
für die man mir nie dankte.

Das war nicht ich,
damals.
War noch zu jung, das zu begreifen,
brauchte noch lange,
musste erst reifen,
um die Spielregeln,
die man mir aufzwang
zu durchschauen.
Konnte damals noch nicht
auf mich selber bauen.
War zu ängstlich, unsicher,
wohl auch zu brav erzogen,
um den Bogen,
den man für mich spannte
zu entschärfen.

Das war nicht ich,
damals.
Mein Weg wurde abgesteckt,
den hatte ich zu gehen
und das Ende des Weges
war schon aus der Ferne zu sehen.
Alles so klar, so einfach,
so übersichtlich,
doch nicht für mich.
Wäre lieber einen Weg gegangen,
wo Berge manchmal
die Sicht verstecken,
die Neugier anstacheln,
etwas anderes zu entdecken.

Das war nicht ich,
damals.
War nicht sehr glücklich,
habe viel geweint,
doch gleichzeitig gemeint,
es wäre richtig,
alles zu befolgen.
Es wäre nicht wichtig,
zu hinterfragen.
Doch es kamen Zweifel,
ich fing an zu ahnen,
dass dies mein Weg nicht war.

Das war nicht ich,
damals.
Wollte meine Grenzen
selbst abstecken.
Wollte träumen, wollte lieben,
wollte zu mir selber finden.
Wollte keine Rolle
mehr spielen.

Jetzt bin ich,
bin endlich angekommen
bei mir.
Habe Berge erklommen,
Hindernisse überwunden,
habe mich endlich befreit
von den Fesseln,
die mich gebunden.

Jetzt bin ich,
lass nur meine Gefühle
entscheiden,
trage die Verantwortung dafür
ganz allein.
Fühle mich stark,
keine Ängste mehr
vor strafenden Blicken.

Will nur sein eins
mit mir,
eins mit meinen Gefühlen.
Habe es geschafft,
bin endlich angekommen,
angekommen bei mir.

Kindheit,
Du Garten Eden,
nie mehr durften wir Dich betreten,
nachdem wir erwachsen geworden.
Mitnehmen durften wir nur
die Erinnerungen,
als Nahrung, als Manna
für schwere Zeiten,
sollten uns bewahren
vorm Verhungern an kalten Tagen
der Schicksalsschwere.

Haben sie oft gebraucht,
die Nahrung der Erinnerungen,
die leuchtenden Bilder
aus Kindheitstagen.
Haben uns oft getröstet,
wollten uns sagen
nicht verzweifeln, nicht aufgeben,
immer nach vorne sehen.

Kindheit,
Du Garten Eden,
nie mehr durften wir Dich betreten,
nachdem wir erwachsen geworden.
Doch Du bist allgegenwärtig,
bist unser Quell
aus dem wir schöpfen.
Bist unser Tröster
in einsamen Nächten.
Bist unser Brunnen, der nie versiegt,
unsere Wurzeln speist,
uns zuraunt
dass uns das Leben liebt.

Wer als Kind diese Zeit
im Garten Eden
als glücklich hat empfunden,
ist für immer gebunden

an diese Erinnerungen.
Nimmt sie mit als Begleiter,
als Behüter
ins weitere Leben,
Du wunderbarer Garten Eden.

Mir ist so kalt in Deinem Arm,
wo ist die Wärme der vergangnen Tage?
Geblieben sind nur Rituale,
ein flüchtig hingehaucht
Ich liebe Dich.
Ja, ich Dich auch.

Wo ist die Verwegenheit
in Deinen Augen,
der Mut geblieben
nicht voraus zu schauen.
Einfach nur jeden Tag zu leben,
zu sagen morgen,
morgen werden wir sehen.

Wo sind unsere Träume,
unser Lachen geblieben?
Haben wir nicht aufgepasst,
sind sie zerrieben
in der Mühle des Alltags?

Der Anfang unserer Liebe,
ein Kleinod,
geschützt haben wir es,
gehegt und gepflegt.
Eines Tages war es verschwunden,
erst nicht bemerkt.
Dann haben wir gesucht,
es nicht mehr gefunden.

Es war weg, einfach so,
ohne Schmerzen,
das Kleinod in unseren Herzen,
unsere Liebe.

Mir ist so kalt in Deinem Arm,
schütze mich, wärme mich.
Lass uns zusammen auf Suche gehen,
unser Lachen wiederzufinden.

Unsere Träume
zusammen noch einmal neu entdecken
und vielleicht, ganz behutsam,
unsere Liebe wieder zum Leben erwecken.

Habe nicht gewusst,
wer ich bin.
War ein langer Weg
mich zu finden.

Nun steh ich hier
und
will neu beginnen.
Zu oft
wollte man mich binden,
mich formen,
nach Mustern,
die mir zuwider.
Wollte mit mir singen
die Lieder,
die nicht die meinen waren.

Habe nicht gewusst
wer ich bin.
War eine lange Suche
zu meinem Ich.
Jetzt hab ich's gefunden,
nach vielen Kämpfen
kann ich endlich
gesunden.

Weiß nun, wer ich bin.
Lass mich nicht mehr
beherrschen.
Geb meinem Leben einen
eigenen Sinn.

Bin jetzt gelassen,
zufrieden.
Bin bereit
zu lieben.
Weil ich jetzt weiß,
wer ich bin.

Und tausend Tagesträume
weiter
da liegt ein Land, das in sich ruht.
Da liegt ein See,
der unsere Tränen filtert
und sie als Perlen uns zu Füssen legt.
Dunkle Gedanken werden hier
zu Faltern,
die schwerelos und heiter
tanzen durch Zeit und Raum.

Und jedes Lächeln ist so kostbar,
wird gezählt,
und fliegt als Friedenstaube
um die Welt.
Da bläst der Wind den Staub
von unseren Seelen,
das Band der Trauer nimmt er uns
und lässt es wehen
weit, weit fort
in unbekannte Höhen
und unsere Augen werden
wieder klar.

Die Wälder dort
in ihrer hoheitsvollen Stille,
sie sind nicht still,
nicht stumm.
Wenn wir nur richtig hören
erklingt aus ihnen ein Oratorium.

Dort gibt es Wesen,
die in Wolken wohnen,
sind da,
um unser Lachen einzufangen.
Tragen es durch die lauen Lüfte
und lassen es uns von überall
fröhlich entgegenschallen.

Da flicht die Liebe
Rosen uns ins Haar
und lässt uns selig ahnen
wie einst im Paradies es war.
Du unser Zufluchtsort,
Du Land, das in sich ruht
so wunderbar.

Ich laufe am Wasser,
am Meer entlang.
Der Regen schlägt mir
von vorn ins Gesicht,
so sieht man wenigstens
meine Tränen nicht.
Die Möwen schreien ihr
melancholisches Lied in den Wind,
der es mitnimmt und weiterträgt.

All meine Träume
nur noch ein wirrer Haufen,
will jetzt nicht denken,
will nur laufen
und die Trauer hinter mir lassen.

Kann es sowieso noch nicht fassen,
Du hast mir gesagt,
Du liebst mich nicht mehr,
da ist jemand Anders,
Du kannst nichts dafür.
Es tut Dir leid,
willst mich nicht verletzen.

Ein bunter Drachen,
gestern noch himmelwärts stürmend,
liegt zerschmettert im Sand,
nur noch ein Fetzen.
Einfach liegen gelassen, wertlos,
nur noch Tand.
Wäre ich nicht so traurig
und würde weinen,
dann könnt ich fast lachen,
dem geht es wie mir.
Gestern noch glücklich,
heute der Absturz,
nichts ist beständig, alles im Fluss.

Wir konnten zusammen
so gut träumen,
befanden uns in denselben Räumen
der Liebe, der Harmonie,
der Sehnsucht
nach einem gemeinsamen Leben.
Ich wollte mit Dir
in den siebenten Himmel fliegen,
doch der Flug dauerte nicht lang,
abgestürzt,
Seele verletzt.

Schaue über das weite Meer,
in mir ist alles leer.
Seh den Wellen zu, die zurücklaufen
und immer wieder kommen.
habe ihren Ruf vernommen,
Lass Dich nicht unterkriegen,
schau uns an.
Du lernst wieder fliegen,
glaub nur daran.

Ich fühle mich getröstet,
meine Tränen versiegen.
Ja, ich werde wieder fliegen,
werde wieder lieben.
Schau zum Horizont,
wo langsam der Mond
den Wellen entsteigt.
Werde ganz ruhig, werde still,
denn das Leben geht weiter,
weil ich es will.

Wollte nie,
dass jemand meine Tränen sieht.
Wollte nie,
dass jemand meine Traurigkeit spürt.
Wollte nie, dass jemand merkt,
wie verlassen ich mich gefühlt.
Nie sollte jemand meine
Einsamkeit erahnen.

Gab immer den Clown,
den Kumpel, den Harlekin,
für den immer nur die Sonne schien.
Habe nie jemand in mein Innerstes
blicken lassen,
habe immer meine Gefühle,
meine Seele
verschlossen gehalten.

Hatte immer Angst,
ich werd angreifbar, werd verletzlich,
würde ich mein Herz öffnen,
meine Gedanken preisgeben,
meine Träume darlegen.
Heute weiß ich, es war falsch,
bin dabei auf der Strecke geblieben.

Habe getan,
als wäre das Leben für mich leicht.
Doch das war es nicht,
es war nur seicht.
Alles erschien mir so grau und fade,
bewegte mich zwischen
Melancholie und Harlekinade.
War oft wie gelähmt,
habe dummes Zeug erzählt,
mich dafür innerlich geschämt.

War oft so ratlos,
so einsam, verzweifelt,

hab es nie zugelassen,
konnte mich manchmal selbst
dafür hassen.
Habe an meinen Tränen geschluckt,
habe gleichzeitig gelacht.
Habe eben alles gemacht,
was ein Clown, ein Kumpel, ein Harlekin
so tut,
habe nie gemuckt,
mich nur immer angepasst.
Tat so, als wäre das Leben ein großer Spaß.

Doch ich merke,
so kann ich nicht mehr leben,
ist nur ein schauspielern,
ich muss die Weichen neu stellen.
Muss etwas in mir bewegen.
Will versuchen,
meine Gefühle nach außen zu tragen,
den Mut zu haben,
so zu leben, so zu reden,
wie ich wirklich bin.

Clown und Harlekin haben ausgedient.
Habe mich
mit meiner Seele versöhnt.
Weiß, es wird nicht einfach für mich,
diesen neuen Weg zu gehen.
Werde Kraft brauchen und viel Mut.
Doch es wird ein Weg sein,
den zu gehen sich lohnt.

Altweibersommerfäden
fliegen durch die Luft.
Rosen haben jetzt einen
anderen Duft
als an Frühsommertagen.
Das erste gelbe Blatt
am Lindenbaum entdeckt,
es ist die Zeit
wo Sommer sich mit Herbst vermählt.

Gedämpfte Geräusche
durchdringen frühe Nebel,
die Sonne mit Mühe hebelt
die Wolkendecke auf.
Der Tag beginnt mit Milde.
Das Blau des Himmels
leicht verwaschen wirkt,
es ist die Zeit,
wo Sommer sich mit Herbst vermählt.

Der Wind meist still
die Gräser streichelnd,
erhebt sich jetzt so manchesmal.
Wie eine Furie
fegt er durch die Bäume
und gleich darauf wieder
ganz stille wird.
Es ist die Zeit
wo Sommer sich mit Herbst vermählt.

Die Blätter sich vereinzelt
von den Bäumen lösen,
die Tage kürzer werden.
Der Flug der Stare
in den Süden hat begonnen,
sie wissen
es ist die Zeit gekommen
wo Sommer sich mit Herbst vermählt.

Ist in letzter Zeit
so vieles auf mich eingestürmt,
Probleme haben sich aufgetürmt.
Muss erst einmal alles
auf mich einwirken lassen.
Brauche Ruhe, will allein sein.
Will Abstand gewinnen,
der Unruhe entkommen.
Habe mir eine Auszeit genommen.
Bin einfach losgefahren,
wollte irgendwo hin,
hatte kein Ziel.
Angekommen bin ich dort,
wo ich als Kind
oft gewesen bin.

Will hier mein Leben überdenken,
neu ordnen,
in neue Bahnen lenken.
Will in Zukunft mich selber
mehr beschenken
mit Zeit, Ruhe und Gelassenheit.
Will nicht mehr versinken
in diesem Sumpf
von Hetze, Stress und Eitelkeit.
Will mit meinem Leben
bewusster umgehen,
will es genießen
wie ein gutes Glas Wein,
nicht hinunter kippen,
sondern bedächtig, mit Freude trinken.

Es war ein heißer Sommer
wie in frühen Kindertagen.
Bin wieder gelaufen frühmorgens
über taunasse Wiesen.
Habe im lichten Wald
Elfen gesehen beim Spielen.

Habe des Nachts
Sternenkinder tanzen sehen,
hab ihnen zugewunken,
war ergriffen von diesen Lichtern
am nächtlichen Himmel.

Hab auf der Wiese gelegen,
hab den Wolken Gestalten gegeben,
mal Monster,
mal Engel
bis sie weiter zogen
und ihre Form verloren.
Hab Beeren gegessen
aus fremden Gärten,
habe dabei vergessen
wie alt ich bin,
habe das Kind in mir zugelassen.

Bin durch kalte Bäche gewatet,
habe am Rand
Vergissmeinnicht gepflückt,
war solch ein Gefühl
von Glück,
wie ich als Kind es gekannt.

Jeder Tag erschien mir
wie eine kleine Ewigkeit
in dieser Einsamkeit.
Und da kamen die Fragen,
was ist passiert
mit mir
in diesem Leben,
kann ich mir die Antwort geben?

Als Kind
so zufrieden gewesen,
da war kein Streben
nach allen möglichen Dingen,
die man nicht braucht.

Wollten als Kinder nur jeden Tag
neu erleben,
unserer Freude immer wieder
Ausdruck geben.
Wollten uns
im Augenblick verlieren,
nichts sollte passieren,
was unsere Phantasien
hätte gestört.

Haben die Glocke nicht gehört,
die zu Mittag rief,
waren so vertieft
in unseren Spielen.
Keine Uhr hat uns getrieben,
uns gehetzt,
nur der Stand der Sonne
hat Zeichen gesetzt,
wann es an der Zeit war,
nach Hause zu gehen.

All diese Erinnerungen
hab ich noch einmal nachempfunden.
Dabei wieder diese Zufriedenheit
in mir gespürt,
in der man sich geborgen fühlt.
War gut,
dass ich hierher gekommen,
bin mir jetzt sicher,
habe Klarheit gewonnen.
Die alten Probleme,
künstlich aufgetürmt,
sind nebensächlich geworden.
Wichtig das Morgen,
das für mich schon heute beginnt
und in dem ich mich
anders beweg.

Ich möchte Dir schenken
Nächte voller
Sternenglimmer.
Ich möchte Dir schenken
der Morgenröte
wunderbaren Schimmer.
Ich möchte Dir schenken
des Tages
erste Sonnenstrahlen,
damit sie zärtlich
wärmend Dich umarmen.

Ich möchte Dir schenken
die Düfte
des Flieders, des Jasmins,
der Rosen,
sie sollen Dich umwehen,
Dich liebkosen.
Ich möchte Dir schenken
die Farben
des Regenbogens
am Ende
eines grauen Tages,
damit Du davon
träumen kannst
während Deines Schlafes.

Ich möchte Dir schenken
Momente
voller Glückseligkeit,
Augenblicke
gefüllt mit Ewigkeit.
Ich möchte Dir schenken
Flügel,
die Dich tragen
in eine Welt,
wo das Glück alles erhellt.

Ich möchte Dir schenken
den Wind
in Deinen Haaren
und bitte ihn vorher,
Dir leis flüsternd
ins Ohr zu sagen
dass ich Dich liebe,
nur Dich,
immer nur Dich.
Du bist der Grund
all meines Sehnens,
Du meine Rose
im Garten des Lebens.

Das Bild an der Wand
zeigte Elfen
in ihren zartfarbenen,
fast durchsichtigen Gewändern.
Die wehenden Schleier
mit den bunten Bändern
verdeckten ihre Blöße
und ihre nackten Füße
bewegten sich im Tanz.
Im fahlen Licht des nahenden Morgens
hielten sie sich an den Händen,
bildeten einen Reigen,
tanzten und liefen
über taufrische Wiesen,
in leichte Nebel gehüllt
war es ein Bild
voller Freude und Glück,
vor dem ich als Kind oft stand.
Wäre so gern eine von ihnen gewesen,
eine Märchengestalt,
eine von denen,
die mich aufnehmen in ihren Reigen,
mit mir tanzen und mir zeigen
wie gegenstandslos das Morgen ist.

Dann kam die Zeit,
in der ich auf den Traumprinzen gewartet.
Der kein Hindernis scheute,
dem kein Weg zu weit
zu mir zu gelangen
und ich war bereit
ihn zu empfangen.
Hab sehnsüchtig Ausschau gehalten,
ob er nicht bald käme
auf seinem weißen Pferd,
das mit wallender Mähne
genau wie sein Herr
voller Liebe
auf mich zu reiten würde.

Doch der Prinz,
dem ich mein Leben anvertrauen wollte,
der mir den Himmel
auf Erden bereiten sollte,
ist nicht gekommen.

Da kam die Zeit,
merkte, ich musste erwachen
Aus meinen Kinder- und Jugendträumen,
wollte ich nicht
das wahre Leben versäumen.
Ist an der Zeit,
die Luftschlösser, die ich gebaut,
zu vergessen.
Werde die Märchenwelt verlassen,
die ein sicherer
Hort für mich gewesen.
Bin jetzt bereit, ins Leben zu gehen,
es zu umarmen
wie einen guten Freund.
Werde für jeden meiner Wünsche
ans Leben
ein Samenkorn legen
und hoffen,
es gehen einige davon auf.

Nur ab und zu
in meinen Träumen,
ganz im geheimen,
möchte ich immer noch gern
eine Elfe sein.
Tanz dann mit nackten Füßen
durch imaginäre
Wiesen und Wälder.
Lass meine Schleier wehen,
lass das fahle Morgenlicht
mich so sehen,
wie mich sonst keiner kennt.

Von den Gestaden der Kindheit
ich oft träum.
Hatte nie das Gefühl,
dass ich etwas versäum.
Wollte immer dort bleiben,
wollte nie fort.

Doch das Schiff des Lebens nahm mich an Bord,
hat mich gebracht an fremde Ufer,
verweilte nie lang, wollte immer weiter.
Dahin, wo ich glaubte,
meine Träume zu finden.
War oft nur ein Irren, ein Suchen,
selten ein Finden.

Habe dabei oft mich selbst verloren,
war mir nicht immer treu,
hab mich oft verbogen.
Doch irgendwo war immer die Hoffnung,
irgendwann zu kommen zu den Toren,
die sich öffnen,
mir meine Unschuld wiederzugeben,
die ich anfangs, ohne zu merken
auf meiner Reise durchs Leben
nach und nach hab verloren.

Fühle mich jetzt nackt,
sehne mich nach den Kleidern der Kindheit,
die Glück, Zufriedenheit und Liebe hießen.
Frage mich, wo ihr seid,
wo ihr geblieben.

Werde jetzt verstärkt suchen,
euch wieder zu finden.
Bleibt nicht mehr viel Zeit,
mein Schiff wird morsch und alt.
Will endlich Frieden finden.
Will heim, wo alles begann.

Zu den Gestaden der Kindheit,
noch einmal die Orte begehen,
noch einmal alles zu sehen,
was mich geprägt
weit über die Zeit.

Der Fels unserer Zweisamkeit
ist zerbröckelt im täglichen Einerlei.
Meine ungeweinten Tränen
haben die Wüste
unserer verdorrenden Liebe
nicht mehr bewässern können.

Meine nächtlichen Wege
auf der Suche nach der Tür zu Deiner Seele
sind zu Irrwegen geworden,
und ich habe mich in das fruchtbare Tal
der Erinnerungen begeben,
dort, wo alles gleißend von
Licht und Schönheit ist.

Oder ist dieses Tal nur Illusion?
Aber es ist so schön hier zum Verweilen.
Ich möchte nicht zurück
auf dieses Erdenstück
von Wüste und zerbröckelnden Gestein.
Keine einzige Blume ist zurückgeblieben,
kein Vogel singt mehr Liebeslieder
auf diesem verlassenen Schlachtfeld
unserer Liebe.

Ich möchte dem entfliehen,
möchte gehen,
aber wohin?
Flüchte ich wieder ins goldene Tal
der Erinnerungen ?
Oder begebe ich mich auf die Suche,
höre auf die Rufe,
die mich locken
in eine friedvollere Welt.
Möchte einen Platz finden,
wo meine Seele sich wieder erhellt.
Wo ich zur Ruhe komme,
wo kein Gedanke mich quält
an die dunklen Stunden, die ich neben Dir erlebt.

Will nicht in meiner Hilflosigkeit
verharren,
nicht im Gefühl der Ohnmacht
erstarren.
Will nicht werden zu einem
Fels in der Brandung,
an dem die Wellen
meines Lebens zerschellen.

Weiß noch nicht sicher,
was und wohin ich will,
werde erst mal warten.
Bis dahin grabe ich mir
einen kleinen Garten
im Land der Träume und Illusionen.
Pflanze Blumen,
atme den Duft der Rosenbüsche,
lass meine Gedanken schweifen
in die Weiten des Himmels
und wünsche,
es wäre immer so friedlich.

Irgendwann habe ich wieder Kraft,
habe wieder Freude in mir.
Geh dann zurück ins wirkliche Leben.
Kann meine Seele
wieder zum Klingen bringen,
kann wieder lachen und singen.

Suche mir meinen Platz
in einem neuen Leben.
Ich weiß, ich schaff es,
kann jetzt bestehen.
Denn ich hab meinen Frieden
in mir gesichert,
und den lass ich mir nie mehr nehmen.

Lauer Sommerabend,
Grillen zirpen, Sterne funkeln
und wir sitzen und trinken Wein.
Und reden und lachen und freuen uns am Leben
und denken,
so sollte es immer sein.

Kalter Wintertag,
Schneeflocken tanzen,
Kinder hört man kreischen
beim Rodeln und Schneemann bauen.
Und wir laufen durch den Schnee
und reden und lachen und freuen uns am Leben
und denken,
so sollte es immer sein.

Frühlingstag, zart und grün,
erste Sonnenstrahlen, die wärmen.
Hyazinthenduft erfüllt die Luft
und wir sind einfach
nur glücklich
und reden und lachen und freuen uns am Leben
und denken,
so sollte es immer sein.

Bunter Herbsttag,
Blätter wirbeln, Himmel grau,
letzte Sonnenstrahlen.
Nachdenklich stapfen wir durch das Laub
und reden und lachen verhalten, freuen uns am Leben
und denken,
so sollte es noch lange sein.

Ich bin Ich
und ich will Ich bleiben.
War lange Jahre nur fremdbestimmt.
Merkte schon als Kind,
es bereitete mir Unbehagen,
dass ich an Tagen,
die ich lieber verträumen wollte,
etwas anderes machen sollte.

Konnte mich nie richtig wehren,
immer wollten andere mich bekehren.
Ich sollte meinen Gedanken, meinen Gefühlen
einen anderen Weg geben,
doch das wäre dann ja nicht mehr mein Leben.

Denn ich bin Ich
und ich will Ich bleiben.
Will mich nicht zerreiben
zwischen den Gedanken anderer und den meinen.
Will die Freiheit, selbst zu entscheiden.
Will ehrlich und offen durch diese Welt gehen.
Will alles, auch mich, kritisch sehen
und dann, ohne Einfluss von außen,
meinen gewählten Weg gehen.

Ich bin Ich.
Nehmt mich so an und verstümmelt mich nicht.
Lasst es nicht dazukommen,
dass ich mein Ich verberge
und eine Maske trag, die ich nicht mag.
Will nicht, dass man mich zwingt
taktlos zu werden,
dass ich mich wehren muss.

Ich bin Ich.
Will lieber sein wie ein Fluss,
der geduldig auch anderer Lasten trägt.
Will sein wie ein Garten,
offen für alle,

will sein wie eine Halle,
die niemandem Eintritt verwehrt.

Ich bin Ich
und ich will Ich bleiben.
Darum lasst es zu, dass ich anders bin.
Lasst es zu, dass ich mein Leben selbst verwalte,
lasst es zu, dass ich mir
meine eigenen Träume gestalte.

Lasst mein Ich weiter bei mir wohnen
und vertreibt es nicht.
Lasst mich leben nach meinen Regeln,
ich will doch nur glücklich sein
und so leben,
dass meine Seele bleibt klar und rein.
Denn ich bin Ich
und ich will Ich bleiben.

Die Liebe
hat ihren Rucksack genommen
und ist gegangen.
Hatte uns nichts mehr zu sagen,
hat uns hilflos
zurückgelassen,
konnten sie nicht halten,
nicht überreden zu bleiben.
Sie wollte gehen
bevor sie ganz stirbt.

Und wir schauen ihr nach
wie sie langsamen Schrittes
in der Ferne verschwindet
und denken
was haben wir ihr zugemutet,
was haben wir unterlassen,
was haben wir versäumt.

Sie hat sich nicht mehr wohl gefühlt
bei uns.
Kam sich vor wie ein Gast,
der lästig wird.
Und wir waren so beschäftigt,
jeder mit sich,
haben es nicht bemerkt.

Sie wurde immer dünner,
magerte zusehends ab
und wir schauten nicht hin.
Es berührte uns nicht.
Haben nichts unternommen
um sie zu stärken.

Dabei wollte sie nur,
dass wir zusammen mit ihr
träumen,
Erinnerungen wollte sie wecken
an schöne Tage.

Wollte nur mit uns leben,
wollte uns dafür geben
Sinnlichkeit, Stärke, Mut
und das Gefühl
der Zusammengehörigkeit.

Haben all das nicht wahrgenommen,
waren so eingesponnen
in die täglichen Pflichten
und Rituale.
Und jetzt stehen wir da,
sie ist weggegangen.
Hat uns allein,
jeden für sich,
zurückgelassen.

Jetzt, wo es zu spät ist,
merken wir den Verlust
und mit einer Wucht,
die wir nicht für möglich gehalten,
stürzen
Schmerz, Traurigkeit,
Verlassensein
auf uns ein.

Haben gemeinsam etwas Kostbares
verloren
und sind selbst daran schuld.
Die Liebe
hat ihren Rucksack genommen
und ist gegangen
bevor sie ganz stirbt.

Morgen ist weit,
mein Geliebter,
lass uns erst die Nacht besiegen.
Morgen singen wir dann
ein neues Lied,
mein Geliebter,
ich hab es nur für Dich geschrieben.

Morgen sind neue Berge in Sicht,
mein Geliebter,
wir werden sie gemeinsam
bezwingen.
Morgen beginnt ein neuer Kampf,
mein Geliebter,
in den wir gemeinsam ziehen.

Können zusammen alles gewinnen,
können alles bezwingen.
Morgen,
mein Geliebter,
sehen wir weiter.

Morgen
ist unsere Liebe gewachsen,
genährt von den Träumen
der Nacht.
Morgen wird schön,
mein Geliebter,
Ich halte für Dich heut die Wacht.

Lass keine dunklen Gedanken
an Dich heran.
Wehre sie ab so gut ich kann.
Wenn die Sterne verblichen,
mein Geliebter,
beginnt mit dem Aufgang der Sonne
für uns ein neuer Tag.

Und noch heute,
mein Geliebter,
erklimmen wir die Leiter,
die uns führt auf den Gipfel
der Glückseligkeit.
Und morgen,
mein Geliebter,
morgen
sehen wir weiter.

Weites, flaches Land,
Weinfelder ziehen sich entlang
am See,
der träg und regungslos
dort in der Sonne liegt.

Libellen nur man sieht,
wie sie mit Grazie
ihren Tanz vollführen,
dabei das Wasser fast berühren,
ihm Leben geben,
sanft es sich kräuselt,
als würde kosend es gestreichelt.

Weites, flaches Land,
niedriger Himmel,
wie blauer Samt
spannt er sich über den See.
Leiht dem Wasser seine Bläue
und nur die Sonne
darf ein Glitzern wie von Silber
ihm noch geben.

Weites, flaches Land,
Ruhe, Frieden und Stille
formieren sich zu einem Gesang,
den wir nicht hören können aber fühlen,
am See, am Wasserrand
wiegt sich das Schilf
im zärtlichen Tanz.

Weites, flaches Land,
Weinreben, grüngolden
und rot-violett am Stock,
eine einsame Ziege grast am Pflock.
Düfte erfüllen die flimmernden Lüfte,
Düfte nach Glück
und Zufriedenheit.

Weites, flaches Land,
am See.
Bist in meinen Erinnerungen
wie eine Fata Morgana,
mal fern und mal nah,
mal verschwommen, dann wieder klar.
Aber wenn ich es will
immer da.

Muscheln in einem Kästchen,
kleine Kiesel in einem Leinensäckchen,
weißer Sand im Glas.
Wiedergefunden nach Jahren,
bringen Erinnerungen zurück
an einen Sommer voller Glück.

Wir waren so jung, so unbekümmert,
so verliebt.
Haben dabei nicht gemerkt,
dass es nicht genügt,
um im täglichen Leben
zu bestehen.
Wollten die Probleme nicht sehen,
die sich aufbauten vor uns
wie hohe Berge.

Unsere Liebe verging.
Nicht mit einem Mal,
sie schwand langsam,
unaufhaltsam,
bis der Abschied kam.
Es war lange Zeit schmerzhaft,
alles voller Traurigkeit.
Doch der Kummer verging
und auch das Leid.

Irgendwann wurde wieder
alles schön und gut.
Habe eine neue Liebe gefunden,
war wieder eingebunden
ins volle Leben.
Und jetzt die Erinnerungen.

Muscheln in einem Kästchen,
kleine Kiesel in einem Leinensäckchen,
weißer Sand im Glas.
Da sind zärtliche Gedanken,
bringen ein Leuchten in meine Augen.

Wehmütige Gefühle,
die sich regen,
gehören für immer zu meinem Leben.

Erste Liebe
vor langer Zeit besessen,
hat in meinem Herzen
einen festen Platz.
Bleibt für immer unvergessen.
So süß die ersten Küsse,
die Hingabe,
die Welt war für uns
ein Bild voller Farbe.
Nichts als unsere Liebe
hatte Platz darin.

Muscheln in einem Kästchen,
kleine Kiesel in einem Leinensäckchen,
weißer Sand im Glas.
Bittersüße Erinnerungen,
Vergangenheit,
ist gewesen.
Geborgen, geliebt und sicher
fühle ich mich
auf meinen jetzigen Wegen.

Abschied.
Verbittert, verbissen,
verzagt und verloren,
so standest Du mir gegenüber
am Bahnhof.

Der Abschied kam mir hoch wie Milch,
die sauer vergoren.

Sah Dich vom Zug aus
immer kleiner werden,
war erleichtert, war froh,
es war vorbei.

Die Scherben unserer Liebe
nicht mehr zu kitten.
Die ganze Raserei
mit all ihren Facetten.
In mir ist nichts mehr von Trauer und Wut,
nur noch Erleichterung.

Haben es nicht geschafft
unser Leben gemeinsam zu regeln.
Vorbei die Nächte der Anklagen,
der Streitereien,
Deine sich stetig wiederholenden
Tiraden.
Ich konnte es nicht mehr ertragen.

Hatte dem nichts mehr entgegen zu setzen,
hatte keine Kraft mehr zum Feilschen
um Deine Liebe, um unser Glück.
Ich war ganz unten,
wollte nur noch weg.

Verbittert, verbissen,
verzagt und verloren,
so standest Du mir gegenüber
am Bahnhof.

Der Ausdruck Deines Gesichtes
wird mich noch lange verfolgen.
Bleibst ein trauriger Abschnitt
in meinem Leben,
kann nur hoffen,
Du wirst mir irgendwann vergeben.

Im kalten Licht der Straßenlaterne
erschien mir Dein Gesicht
so traurig, so gealtert, so grau.
Jede Falte so tief,
jede Furche eingegraben,
als wollten sie mir etwas sagen.

Du sahst aus wie ein alter Mann,
der vom Schicksal
verbraucht,
vom Leben ausgesaugt,
ohne Freude, nur noch müde
und in diesem Augenblick
da liebte ich Dich,
mehr als jemals zuvor.

Deine Falten sind auch meine Sorgen,
Deine eingegrabenen Furchen
sind die Ängste vor dem Morgen,
nicht nur für Dich,
auch die Angst um mich.
Deine Ringe unter den Augen
zeugen von schlaflosen Nächten,
von unsichtbaren Mächten,
die Dir die Ruhe rauben.

Und in diesem Augenblick
da liebte ich Dich,
mehr als jemals zuvor.
Möchte Dich wieder glücklich sehen,
von Deinen Augen soll wieder
ein Strahlen ausgehen.
Du sollst nicht verzagen,
alles wird wieder gut,
lass es Dir sagen
von mir,
denn ich liebe Dich so sehr,
mehr als jemals zuvor.

Müdigkeit,
Du Sanfte, Du Gute,
hülle mich ein und lulle mich ein.
Lass mich vergessen
die Sorgen des Tages,
vertreibe die dunklen Gedanken,
die meine Ängste
um meine Liebsten ranken.
Was ist und was wäre
und wenn etwas käme,
eine Gefahr,
die für mich nicht mehr steuerbar.

Müdigkeit,
Du Sanfte, Du Gute,
hülle mich ein und lulle mich ein.
Will nicht mehr daran denken,
will mich in Dich,
Du Sanfte,
versenken.
Fühle mich in Deinem Schoß
geborgen,
nimmst mich mit
auf die Reise ins Morgen.

Müdigkeit,
Du Sanfte, Du Gute,
hülle mich ein und lulle mich ein.
Verliere meine Körperschwere,
fühle nur eine wohltuende
Leere.

Müdigkeit,
Du Sanfte, Du Gute,
füll diese Leere mit Bildern
aus glücklichen Tagen,
mit Bildern voller Farben.
Lass sie an mir vorüber ziehen,

wie ein Schiff mit vollen Segeln
gleite ich dann ins Land
der Träume.

Müdigkeit,
Du Sanfte, Du Gute,
bist meine Freundin,
meine Hirtin in der Nacht,
die sicher meinen Schlaf bewacht.
Hast Morpheus gebeten,
mir schöne Träume zu weben.
Wenn ich dann frühmorgens
aus seinen Armen erwach,
bist Du nicht mehr da,
Du Sanfte, Du Gute.
Während ich im Land
der Träume weilte,
hast Du meine Seele genährt
und entlässt mich jetzt gestärkt
in den neuen Tag.

Edition Noëma
Melchiorstr. 15
D-70439 Stuttgart

info@edition-noema.de
www.edition-noema.de
www.autorenbetreuung.de